T0161077

O
x
y
g
e
n

Oxygen

JULIA FIEDORCZUK

translated from the Polish by
Bill Johnston

ZEPHYR PRESS
Brookline, MA

Polish Copyright © 2017 by Julia Fiedorczuk
English Translation Copyright © 2017 by Bill Johnston
Prefatory Note Copyright © 2017 by Brenda Hillman
Front cover photograph "Oxijulia" by Simón Bross
All rights reserved.

Book and cover design by *type*slowly

Printed in Michigan by Cushing-Malloy Inc.

Some of these poems have appeared in the following journals:
*World Literature Today, Poetry Wales, Lyric Poetry Review, Precipice,
Many Mountains Moving* and *Poetry.*

Zephyr Press acknowledges with gratitude the financial support
of the Massachusetts Cultural Council and the National Endowment for the Arts.

massculturalcouncil.org

ART WORKS.
arts.gov

Zephyr Press, a non-profit arts and education 501(c)(3) organization,
publishes literary titles that foster a deeper understanding of cultures
and languages. Zephyr Press books are distributed to the trade in the U.S.
and Canada by Consortium Book Sales and Distribution [www.cbsd.com]
and by Small Press Distribution [www.spdbooks.org].

Cataloguing-in publication data is available from the Library of Congress.

98765432 first edition in 2017

ZEPHYR PRESS
50 Kenwood Street
Brookline, MA 02446
www.zephyrpress.org

Table of Contents

I. LĄDY I OCEANY | LANDS AND OCEANS

II. AUTOBIOGRAPHIA LITERARIA

III. PSALMY W TOKU | PSALMS IN THE MAKING

Prefatory Note

Julia Fiedorczuk is a well-known Warsaw poet and scholar; she is also a secret mystic, an innovative adventurer who brings a powerful ecopoetics into compressed linguistic spaces which are both personal and political.

This collection is a sampling of brilliantly imagistic poems from collections she has published since 2000. There are many reasons to admire *Oxygen*; daily details and myths commingle, bypassing the big nothingness of dread and despair. She is unsentimentally challenged by the facts of women's quotidian experience. "We have a dog a refrigerator a plasma TV and a Buddha," she writes (in Bill Johnston's wonderful translation of "Poem.") She is mother and child, experiencing a magical childhood and a motherhood that is full of wonder. There are explosions and stories, radical music and avatars of water. The word is the sister of the star and the insect.

Contemporary ecological writing, language theory and feminist studies all inform Fiedorczuk's poetry, and her lines open into new perceptions, threading confidential truths and austere philosophy; she writes about her country, about Europe, about history. Her reality is uneven and multiform; beauty and awe are constant. Human and non-human entities converse here, as do phonemes and other particles.

This poet, like the beetle she invokes as talisman, can "bite into the raw day," ingesting rare types of knowledge. These poems have few lines but they are large poems in which universes and colors, emotions and world historical events weave, sometimes turbulently, as she carries her readers through space and time, through plural states of being, inspiring awe. The beetle's tiny heart "seethes" with life. This work brings a deeply inspired pleasure.

Brenda Hillman

Julia Fiedorczuk's OXYGEN

Ever since the disruptions wrought, first by Copernicus in the sixteenth century, then by discoveries in geology and biology in the nineteenth, humankind has struggled to balance its sense of its own significance with the growing realization of its minuteness in the context of geological time and astronomical space. Julia Fiedorczuk's poetry comprises a brilliant, unique, sustained attempt to reconcile these two antithetical perspectives on our place on earth.

Fiedorczuk's originality is manifold. First, while so many contemporary poets concern themselves with personal, social or political experiences, Fiedorczuk looks to the non-human world around her. While those poets who do turn to nature are often more interested in flora and fauna, Fiedorczuk has very different sources of inspiration and reflection. Much of her work contains strong ties to what are sometimes described as the hard sciences—physics, astronomy, chemistry, microbiology. Yet she also manages to be a poet of the human, the intimate, the familial—a poet of love, of womanhood and motherhood, of the intensely experienced life.

These two ostensibly diverging topics are reflected in the titles of the first two parts of the present book. *Lands and Oceans* seems to direct us toward the natural world, while *Autobiographia Literaria* suggests a focus on the poet herself.

And indeed, many of the poems in *Lands and Oceans* look overtly to the language and concepts of the physical and biological world. Fiedorczuk displays a remarkably detailed knowledge of, among other things, astronomy ("Orion's Shoulder"), biochemistry ("Photosynthesis"), evolutionary biology ("Bio"), and entomology ("Beetle," "Evening"). Weaving throughout the whole are the processes

[xvii]

of the physical formation of the earth and, especially, the evolutionary emergence of life and biological speciation. Waking and the springing of life from nests, cocoons, buds, or simply photosynthesis, is ever-present in these poems.

In *Autobiographia Literaria*, by contrast, there is more that concerns family, relationships and a woman's lived life. The experience of motherhood is a particularly powerful theme, along with a mother's fears and concerns for her child and the way these irrevocably alter our perception. Here too, threading through a great many poems is a subtle yet pervasive eroticism of the purest form—a thankful acknowledgment of the fact that we are bodies, and that our bodies crave pleasure of the intensest kind possible.

Yet the apparent separation of focus implied by these two titles is misleading. Fiedorczuk is exploring not two fundamentally different areas of concern, but two facets of the same thing: our own relationship to the natural world, and its to us. As the term "facets" implies, these are in fact obverse and reverse of our own situation in the world, and as such one cannot be examined without the other.

In *Lands and Oceans*, Fiedorczuk uses the terminology, concepts and perspectives of science to examine our emergence into the world (the way we "wake toward flesh") and our relationship to it. Indeed, when she turns to evolutionary process, for instance, these processes are mediated directly through the first person. "The sun gives birth to me almost without pain," she writes in "Photosynthesis," and in "Bio" she begins: "When I was a fish," linking her own existence to millions of years of evolution, and by the same token tethering herself to the world with the cord of a personal past. Throughout this allegedly "scientific" section of the book, the emphasis is in fact on direct experience, on the poet's unmediated first-person witness. "Orion's Shoulder," which begins in the swirling ocean of the cosmos, gradually brings things—

us—literally down to earth, first with "interstellar dust on the young leaves of trees," and ultimately to two concrete individuals—the poet and her companion, who, addressed in the second person, is, of course, also the reader, and who stands gazing at the night "carrying a plastic bag full of cold pears." In "Sorella La Luna," amid musings on nature—nighttime light, "the toil of the ant," the living and dying of a leaf—there suddenly irrupts a child's small voice close by our side: *Mommy, what biiig music!* And ultimately, no true boundary can be demarcated between universe and person, for each belongs to the other. This bond, fundamental to Fiedorczuk's poetry, extends into the very fabric of her imagery; in one of the most striking passages in the book, in "Eclogue" she states:

> [. . .] the poem
> lets its braids down like a sea
> that's being toyed with by a little girl
> who's made of stars.

Even the rhythm of the verse, often subtle yet ever-present, sounds half like a heartbeat, half like the pulse of the constellations:

> till burning orange will be hatched below
>
> and the river will release a drop of blood
> in the place the star has pierced:
> two commas in the supple dance of life,
> cyclops and daphnia.
>
> ("Evening")

Just as the science of *Lands and Oceans* serves primarily to undergird a personal account, so even the most intimate poems of *Autobiographia Literaria* are located in the vast context of the past. A desk drawer filled with forgotten scraps and mementoes contains "Herds of long-dead animals feeding on an extinct species of grass." Everywhere, the quotidian is lent an added dimension through imagery linking it with the immense universe in which it is situated. Even a bathtub has "ice-covered slopes." In "Flowers Will Bloom," the poet writes of:

> . . . my cold rootstock growing dense with death
> (with the dark wine you're serving me)

Ultimately, Fiedorczuk's voice and that of the eternal natural world meld into one. In "Beetle," the insect's perspective is told in the first person, in a tone suspiciously reminiscent of the poet's own. The poem revels in the sensual pleasure of the world ("My chin runs with juice"); in the end, though, it is not at all clear whether it is the beetle or the poet speaking, and so it should be, for personal and natural are inextricably intertwined:

> Today I have such hunger, such desire
> That the day must turn into an endless stream
> Of richest yellow, that luscious fruit, the world.

Conversely, one of the most overtly personal of these poems—"on the way"—begins with the poet in an airplane, flying like a bird toward her loved one. She continues to write the poem while still in the air, in the place of the bird (where once she had been a fish, or a beetle); and ends like a bird, or even a whole skyscape, "wearing the rain."

This poem exemplifies a prominent aspect of Fiedorczuk's poetry hinted at earlier—her agile intertwining of first, second and third person perspectives. However profoundly she immerses herself in the *longue durée* of geological and astronomical time ("the deep time of earth," as she expresses it in the poem "Lands and Oceans"), the I is rarely absent

[xx]

for long. In "After," for example—in which verbless sentences leave us outside the poem for most of its duration—in the third stanza, all of a sudden the repeated command "Think" immediately embroils us in the struggle for imagery that the poet is working through:

> Think: seven riders like the rainbow's seven colors.
> Or no riders: your blood throbbing, deepening in color.
> Think: a drop of your blood on the snow.

These sudden brief interpolated imperatives yank the reader into the poem—or, more accurately, remind the reader that she or he is already present.

This "you" is constantly present in Fiedorczuk's poems: sometimes hovering round the edges, sometimes stepping in; sometimes, as earlier, drawn in by force; sometimes specified, sometimes not (in "Relentlessly Craving" the addressee is the poem itself—"poem, poem be in the sun"); sometimes in the form of a first person plural "we"; but always implicated in the poet's underlying interrogation of the nature of connection and belonging. The I—we—you relation is in fact strengthened by Fiedorczuk's willingness to share with us false starts and tentative, subsequently discarded understandings: in poems like "After" and "Poem," she lays bare the very process of fixing imagery, allowing the reader to participate with her in trying out alternative possibilities. In "Poem," it is the multiplicity of repeated yet varying dreams that provides the framework: "in this version I'm coming to you through a wood | across a fresh green valley"; "in this version I'm coming to you across a trash heap"; "in this version I'm coming to you across a city." Our engagement, not just with, but in, the poems is made both explicit and unavoidable as we watch the speaker approach across these multiple potential landscapes.

[xxi]

Even the way in which certain poems end without ending opens up a space into which the reader has already been invited by the inclusive "we" of the poem, and into which we plunge along with the poet herself. One sees this, for instance, in the lovely unconcluded conclusion of "yes":

> beautifully lost in jasmine-scented mist
> in the realm of an abundant night
> where end converges with beginning, we speak
>
> little, and only like the birds, no: no—

Such elliptical endings occur throughout the poems in the final section of the present book, *Psalms*, a new series that has not yet been published in its entirety in Poland. These gorgeous miniatures take Fiedorczuk's writing in new directions that were only hinted at in her earlier books. Stylistically they link her work to ancient, beautiful texts; on the way, they pay homage to Czesław Miłosz's luscious rendering of the Book of Psalms into Polish. Yet just as the human and natural worlds are held in masterful balance in the earlier poems, here the ancient and modern worlds are brought together through language. Fiedorczuk looks to the biblical psalms for their stately diction, their ravenous love of beauty, their aching mournfulness—even some of their imagery. Yet at the same time it is primarily the objects and images of the modern world that she mines in search of their lode of emotion and spirituality: "toys of children | in the plane wreck," "the city's fiery pixels," and the television that, in a confused and wavering quotation from the Polish national anthem,

> [...] was showing Poland
> that had perished, and then had not perished, and then
> again had perished, and then not

[xxii]

Indeed, in Fiedorczuk's *Psalms* the emotions are much more directly acknowledged, conveyed and confronted than in her previous work. The "nighttime despair" of Psalm I, with its "drowned | children, hanged children, burned | children, massacred children," is shattering; and, much more explicitly than before, the poet interrogates her own anxieties: "who, who will make me afraid?" she asks, and also offers an invitation: "drink | from me, my wrongdoers." Yet even such horrors and fears spring from an intense, passionate response to life both modern and ancient: this is a poet who above all seeks "to catch life | red-handed," and these stunning poems, whose unfinished endings form a chain of longing, do just that.

With their extraordinary melding of the cosmic and the local, the impersonal and the intimate, Fiedorczuk's poems comprise a singular exploration of what it means to be human in a world that terrifies by its complexity and scope, yet also dazzles and delights. In "The Way Out," she writes overtly of what is at stake—the imperative need to locate our own selves in the boundless terrain of the world and beyond:

> We the infected must constantly resume the challenge.
> Admit into ourselves the killing sea.

Otherwise, she says:

> . . . we will disappear.
> Be swallowed by the black night of hedgehogs and ants.
> Be overgrown by mold.
> Soak into the earth.

At the end of this poem, she states that for this undertaking "there is no map." Yet the poems of *Oxygen* provide the beginnings of just such a map—deeply personal, eloquently phrased notes on how to inhabit an enticing, puzzling, overwhelming universe. Measured yet passionate outbreaths and inbreaths, these poems point the way to where we might seek "love in a handful of stars"—the oxygen of the spirit.

Bill Johnston
Bloomington, Indiana
September 2016

I.

LĄDY I OCEANY
LANDS AND OCEANS

Lądy i oceany

Dosłownie ogień jest nam bliski.
Czasami czujesz go w podeszwach stóp.
To znak, że kiedyś wszystko było boskim oceanem.
Zaś głęboki czas ziemi wyraża się w liczbach tak zatrważających,
że ich odkrycie odmieniło bieg ludzkiej myśli.

Która, rzecz jasna, spodziewa się gruntu
pod nogami i przychylnej aury.
Z tej perspektywy słońce jest czymś w rodzaju wieczności,
a morze upartym podtekstem.

Miejsce
ma sens o ile da się wykopać grób.
Tylko gdzieniegdzie można pobudować domy.
Na przekór wszystkiemu wierzy się w trwałość tych śladów,
chociaż powszechnie wiadomo, że lepsza jest jedna garść pokoju.
Jeszcze inne wersje mówią o wysłuchanej modlitwie ryb.

Tak czy inaczej, odmęt ma swoje prawa.
Ciała poniekąd stałe, mamy przecież łzy, a te są w każdym słowie:

bo sól jest na końcu języka i jest kropką nad i.

Lands and Oceans

It is literally fire that is dear to us.
At times you feel it on the soles of your feet.
It's a sign that everything was once divine ocean,
while the deep time of earth is expressed in such disquieting numbers
that their discovery has changed the course of human thought.

Which, it goes without saying, expects the ground
beneath its feet, and a favorable ambience.
From this perspective the sun is something like eternity,
the sea a stubborn subtext.

The place
will work so long as graves can be dug.
Only in certain places can houses be built.
Despite everything there's faith in the permanence of these traces,
though everyone knows it's better to have one handful of peace.
Still other versions speak of the answered prayer of the fish.

One way or the other, chaos has its laws.
Bodies are solid, though we do have tears, and they are in every word:

for salt is on the tongue's tip and is the dot over the i.

Ramię Oriona

Wielkie poruszenie na tych gładkich morzach,
kłębią się ciężkie, ciemne ciała ryb.
To duch awaryjnie ląduje na wodzie,
ślizga się, tnie toń, wytraca prędkość, czas.

Czas rozdzielić poły słonecznego płaszcza,
uwolnić wiatr—

i już.

Pył międzygwiazdowy na listkach pierwszych drzew.
Rozmodlony zając strząsa słoną rosę,
lgnie do ciepłej ziemi wsłuchany w jej musujące tętno.

Asymilacja i dysymilacja. CO_2, H_2O,
i światło, światło, światło,
przemiana materii w materię, wzrost i dojrzewanie
w płaskim dysku falującej Galaktyki.

Czarna śmierć pulsuje cicho pomiędzy gwiazdami,
„Koło bieguna krąży wiecznymi obwody"—
płomienna Betelgeuse, Rigel, Bellatrix—
jadą Kosiarze na jesienne niebo, patrz!

Patrzymy. Masz we włosach mgłę i nitki pajęczyny,
niesiesz reklamówkę pełną zimnych gruszek.

Orion's Shoulder

Great turbulence on these smooth seas,
dark, heavy bodies of the fish are swirling:
the spirit is making an emergency landing,
cutting across the water, losing speed, losing time.

Time now to separate the tails of the sun's coat,
to free the wind—

it's done.

Interstellar dust on the young leaves of first trees.
A hare, rapt in prayer, brushes the salty dew
and presses to the warm earth, intent on its frothing pulse.

Assimilation and dissimilation. CO_2, H_2O,
and light, light, light,
metabolic conversion, growth and maturation
within the flat disk of the rippling Galaxy.

Dark death is throbbing softly among the stars,
"he turns about in a fixed place"—
fiery Betelgeuse, Rigel, Bellatrix—
the Reapers are riding through the autumn sky—just look!

We look. You've mist and strands of cobweb in your hair,
you're carrying a plastic bag full of cold pears.

Po

Gładkie morze jak kawałek szkła w tej dłoni
która rozsypuje piasek pulsujących gwiazd.
Albo nie ma dłoni: dziki oddech słońca, czułe ciało ziemi
pod stopami tych, co nie widzą gwiazd.

Czułe ciało ziemi pod stopami brzóz,
zamrożone gwiazdy na rzęsach jeziora.
Gładkie morze jak kawałek lodu na języku tego
kto umiera zimą.

Niebo szumnie spada na zimowy las.
Pomyśl: siedmiu jeźdźców jak siedem barw tęczy.
Albo nie ma jeźdźców: twoja krew pulsuje i nabiera barw.
Pomyśl: kropla twojej krwi na śniegu.
Garść zielonych szkiełek w ciepłej rączce dziecka.

After

Smooth sea like the sliver of glass in a palm
that scatters a sand of throbbing stars.
Or no palm: the sun's fierce breath, soft flesh of earth
at the feet of those who see no stars.

Earth's soft flesh at the feet of birches,
icebound stars on a lake's long lashes.
Smooth sea like an ice cube on the tongue
of one who dies in wintertime.

The sky clattering down upon a winter wood.
Think: seven riders like the rainbow's seven colors.
Or no riders: your blood throbbing, deepening in color.
Think: a drop of your blood on the snow.
Shards of green glass in a child's small warm hand.

Wieczorem

są takie światy gdzie niebieskość
jest rozłożystym płaszczem:
w fałdach mięsistej poły
nurkują skośni kochankowie.

przy bieli dobrze się rysuje ażur
drzew, krzaków, gołych gałęzi
kruchych jak słodki chrust.
słodkich jak pierwszy śnieg—

aż nagle zjedzie tłuste purpurowe żółtko
w sennym kokonie pajęczej siateczki,
w mglistej białej poczwarce,
aż się dołem wykluje gorący pomarańcz—

aż wreszcie rzece pójdzie kropla krwi
w miejscu gdzie wbiła się gwiazda:
tam dwa przecinki w wiotkim tańcu życia,
oczlik i rozwielitka.

Evening

there are worlds where blueness
is a spreading cloak:
slanting lovers plunge
into its fleshy folds.

white sets off the openwork
of tree and bush, bare branches
fragile as sweet pastry,
sweet as first snow—

till all at once thick crimson yolk will drop
in the torpid cocoon of a spider's web,
in the misty white chrysalis,
till burning orange will be hatched below

and the river will release a drop of blood
in the place the star has pierced:
two commas in the supple dance of life,
cyclops and daphnia.

Fotosynteza

Słońce mnie rodzi prawie bezboleśnie,
na stopie mam plasterek ciepła, na powiekach
lekki kompres krwi, nieziemskie gogle.
Przysiada na nich widmo jak roztrzepany

błyskawiczny ukwiał, który mi opowiada
barwne ichtiologiczne historie. Czerwień
i czerń, tak wszystko się zaczyna,
później dopiero Wielki Wylew

Ultramaryny, która jest moją amfibią.
Jak to było? Staram się pamiętać
i coraz mocniej trę oczy. Tamte podskórne
czasy podpływają bliżej, są moje

na ułamek światła, momentalny bezdech
i rozkoszny strach, który się zaraz rozproszy
w musującej toni. Mieć ciebie świecie
na własność. Kochać cię, ciebie tracić.

A trzeba wyjść na ląd, opierzyć się i patrzeć
prosto w słońce.
Zieleń tęczówki jak morze.
Tkanka, tkanina, tlen.

Photosynthesis

The sun gives birth to me almost without pain,
a dressing of warmth on my foot, on my eyelids
a light compress of blood, unearthly goggles.
On them crouches a spectrum like a rapid

giddy anemone that tells me
colorful ichthyological stories. Red
and black is how everything starts,
then later the Great Inundation

of Ultramarine, my amphibious vehicle.
How was it? I strive to remember,
rubbing my eyes. Those subcutaneous
times drift nearer, they are mine

for a light-flash, a brief apnea
and an exquisite fear, that instantly dissolves
in the foaming depths. To possess you,
world. To love you, lose you.

But what's needed is to emerge on land, grow feathers,
look straight at the sun.
The sealike green of the iris.
Flesh, cloth, breath.

Chrząszcz

Zagnieżdżam się, mam w słońcu legowisko.
Wgryzam się w surowy dzień, łykam świeże światło.
Po brodzie płynie sok—pół
Pomarańczy, rozkrojone jabłko, kościste
Maliny w mojej przepastnej paszczy.

Tyle czasu. Niedziela! Jak połać jedwabiu.
Tyle słońca, że apetyt wzrasta i pragnę
Latać, zataczać wesołe koła, pikować
Błękit, puścić się w pijaną pogoń slalomem
Za cieniem lipowego liścia. Tyle życia

Że wrze w malutkim sercu, że prawie rozsadza
Mój chitynowy kostium, moją suknię z ciała.
Tyle mam dzisiaj głodu i tyle pragnienia
Że dzień musi się zmienić w nieskończony strumień
Nasyconej żółci, ten soczysty owoc, świat.

Beetle

I nestle down, my place is in the sun.
I bite into the raw day, swallow down fresh light.
My chin runs with juice—half
An orange, an apple slice, bony
raspberries in my gaping mouth.

So much time. Sunday! Like a length of silk.
So much sun that hunger grows and I desire
To fly, turn merry circles, embroider
The blue sky, slalom in a drunken chase
After the shadow of a linden leaf. So much life

It seethes in my tiny heart, almost bursts
my suit of chitin, my gown of flesh.
Today I have such hunger, such desire
That the day must turn into an endless stream
Of richest yellow, that luscious fruit, the world.

Tym zaś, którzy tęsknią, niechaj czas się zwinie
W kłębek, orzeszek, łupinkę, najwątlejszą
Łódkę, która fantazyjnie przemyci wzruszenie,
W tylnym lusterku eleganckie chmury.

Tutaj cię przyprowadzę. Pokażę ci ten kamień,
To garbate drzewo, drogocenną rosę. Tu usiądziemy,
Gdzie teraz robię zdjęcie, żrący czas na lśniącym papierze
Wyślę ci przez niebo.

Tym, którzy tęsknią niech się droga wzniesie
Na podobieństwo dywanu, do leczniczych chmur—
Oby pomogły zgładzić tę żałobę, która jest jak drzazga,
Jak przedwczesny wirus, ostry lustrzany odłamek.

Mam nas na końcu języka, a w tej figurze jest płacz:
Starszy ode mnie, trwały, monotonny lament,
On idzie od gór, niesie się na białych skrzydłach.

While for those who yearn, may time be rolled
Into a ball, a nut, a shell, the frailest
Boat, fantastically smuggled by emotion,
In the rear-view mirror graceful clouds.

I'll lead you here. I'll show you this rock,
This crooked tree, this costly dew. We shall sit here
Where I'm taking a picture; I'll send you corrosive time
on glossy paper, via the heavens.

For those who yearn may the road ascend
Like a carpet toward the healing clouds—
Let them assuage a grief like a splinter,
A premature virus, a sharp shard of mirror.

I have us on my tongue-tip, and in this place is sorrow:
Older than me, an enduring dull lament,
Coming from the hills, carried on dark wings.

Retrospekcja

Tak zbudzić się ku ciału.
Tej samej skórze
Nowa woda.
Budzić się ku podróży.
Jakież to nowe piaski,
Jakie stalaktyty,
Jakie tasiemki dróg
Jakie zmęczenie
Na drugim końcu dnia.
Budzić się ku jej oczom—
One z lustra
Patrzą gdzie indziej.

Jakież to morskie miękkie
Mokre krajobrazy.
Mówią jej każdy krok
Za cenę tej rozkoszy.
Jak tańczą te tasiemki—
Wodorosty—bo woda
Dobra jest i ciepłem
Opatula ciało.
Co dzień umierać,
Taki lot. Cichutko płyną
Obrazy.

Retrospection

To wake toward flesh.
Toward the same skin
New water.
To wake toward a journey.
See these new sands,
These stalactites,
These ribbons of roads,
This exhaustion
At the far end of the day.
To wake toward her eyes—
They look elsewhere
From the mirror.

See these soft
Wet seascapes.
They tell her each step
At the cost of rapture.
How they dance, the ribbons—
Algae—for water
Is good and enwraps
The flesh in warmth.
To die each day,
Such a flight. Images float by
In silence.

Ciało ma krew.
Pod wodą—skrzela,
Jej nowy wachlarz.
Tu nie ma brzegów,
Pęknięć, kantów.
Ona jest całkiem gładka
Jak duża ciemna perła
Krwi na kupce szkła
Z potłuczonego lustra.

Flesh has blood.
Beneath the water—gills,
Her new fan.
Here there are no banks,
Fissures, edges.
She is entirely smooth
Like a large dark pearl
Of blood, on a mound of glass
From a broken mirror.

Bycie sobą cz. I

obudziłam się
i byłam kobietą
od stóp, po końce włosów, w które
zaplątało się pełno dobrych duchów, bo
sny miałam dobre tej nocy.

wstałam i miałam
stopy
i czemuś dziesięć
śmiesznie małych palców.

chłodny deszcz powietrza
niebieski kubek
prostokąt świata
chmury, samochody, nawet wiatry
był o mnie

i przyszłam
żeby ci powiedzieć
bo to bardzo dobra
nowina—

Being a Self Part I

I awoke
and was a woman
from my feet to my hair, in which
a mass of good spirits were tangled, since
I had had good dreams that night.

I rose and had
feet
and for some reason ten
funny little toes.

the cold rain of the air
the blue mug
the rectangle of the world
clouds, cars, even the wind
all were about me

and I came
to tell you
because this
is splendid news—

Bio

Kiedy byłam rybą
Kosmos jak zawsze okrągły
Miał przytulne ściany

Śniłam o boskich płetwach
Pióropuszach i życiu
Po wodzie

Mówiono ogon
Odpada ale jest nagroda:
Para bolesnych stóp.

Nie wierzyłam
W bajki. Zapuściłam
Skrzydła jak liście

Czarnych paproci.
Och gdzież ja
Nie byłam!

Kiedy byłam rybą
Nie było w ogóle dni,
Seksu, ani różnicy.

Ciepło przychodziło
Z zewnątrz. Teraz
Mam w płucach nieznośnie

Bio

When I was a fish
Space had cosy walls
And as always was round

I dreamed of divine fins
Feather headdresses and life
Upon the water

It was said the tail
drops off but there is a reward:
A pair of aching feet.

I did not believe
In fairytales. I grew
Wings like the fronds

Of black ferns.
Where did I
Not go!

When I was a fish
There were no days,
No sex, no difference.

Warmth came
From outside. Now
In my lungs I have unbearably

Lekkie powietrze,
Mam pokusę morza
W zielonych tęczówkach.

Patrzę w niebo: wieżyczko
Jakaś ty cudowna. Tańczę
Dla ciebie.

Light air.
I have the lure of the sea
In my green irises.

I look at the sky: o you
miraculous turret. I dance
For you.

Tlen

Pokażę ci miłość w jednej garści gwiazd.
Znasz feerię śniegu na przydrożnych liściach?
Fioletowy kontur grudniowego dnia?
Przyszłam tu, żeby oddychać.

Są mali tancerze w kropli rzecznej wody.
Raje owadów za bramą ogrodu,
Gniazdo w zgięciu ramion tamtej grubej sosny,
W gnieździe moich ramion mleczny oddech dziecka.

Lekko mieszkamy na wydechu świata,
Jeden mrok dodany do drugiego mroku.
Usta przy policzku.
Policzek przy udzie.

Lekko mieszkamy na wydechu świata,
ciepła sierść wilczycy i jej ostre zęby,
brzytwa mrozu gładzi ciemną skórę rzeki,
jej mieszkańcy bezszelestnie opadają na dno.

Przyszłam tu żeby oddychać.
Smutek naszych rzeczy na zimowym niebie.
Śnieg szybko topnieje na policzkach dziecka,
Nasze oczy śmieją się do gwiazd,

Niebo spotyka gładką skórę rzeki,
Oddycham, oddycham, więc jestem.

[26]

Oxygen

I'll show you love in a handful of stars.
Have you seen the spectacle of snow on the roadside leaves?
The purple silhouette of a December day?
I came here in order to breathe.

There are small dancers in a droplet of river water.
Insect heavens beyond the garden gate,
a nest in the crook of the pine tree's broad arm,
in the nest of my arm a child's milky breath.

We dwell lightly at the outbreath of the world,
dusk heaped upon dusk.
Mouth next to cheek.
Cheek next to thigh.

We dwell lightly at the outbreath of the world,
the she-wolf's warm pelt and her pointed fangs,
the razor of ice that smoothes the river's dark skin,
its occupants sinking to the bottom.

I came here in order to breathe.
The sadness of our stories upon a winter sky.
Snow quickly melting on the cheeks of a child,
our eyes laughing with the stars,

the sky meeting the river's smooth skin;
I breathe, I breathe therefore I am.

Sorella la luna

E. P.

Niebywałość światła w tej potężnej nocy.
Która nie ma źródła.
Która nie maleje.

Twarz księżyca pocięta kreskami gałęzi,
mozół mrówki, która nieustannie
idzie do nieba.

Ponieważ mrówka jest częścią procesu,
taniec starych sosen w tej ciemnej katedrze,
gdzie jeden mrok łączy się z drugim.

Ponieważ liść jest częścią procesu,
tylko żyć i umierać, żyć i umierać,
żyć i umierać powoli

jak gwiazda. Te robią wrażenie,
małe eksplozje wielkiej duszy świata,
która nie ma źródła i rośnie.

Mamo, jaka duuuuża muzyka!
Na styku sezonów,
w czasie przejrzystym jak kryształek piasku,
czułość jeży śpiących blisko tętna ziemi.

Sorella La Luna

for E. P.

The unheardofness of the light in this potent nighttime,
which has no source.
Which does not lessen.

The face of the moon cut with lines of branches,
the toil of the ant incessantly
moving toward the sky.

For the ant is a part of the process,
dance of ancient pines in this unlit cathedral
where one darkness joins with another.

For the leaf is a part of the process,
simply to live and die, live and die,
live and die slowly

like a star. They leave a mark,
those small explosions of the world's broad soul
which has no source and is growing.

Mommy, what biiig music!
At the turn of seasons,
in time as clear as a crystal of sand,
the softness of hedgehogs sleeping near the pulse of earth.

Wysoko w gałęziach szepty i wołanie.
Pierwsze płatki śniegu na policzkach dziecka,
kiedy biegniemy po prezent:

rozgwieżdżony listopad
nad Narwią.

High in the branches, whispers and cries.
The first snowflakes on the cheeks of the child,
as we run for a gift:

a starry November
on the Narew River.

Ekloga

                    naturalnie, sen
zmiękcza bryły zjaw i wiersz
rozpuszcza warkocze jak rozturlane
morze w rączkach dziewczynki
z gwiazd.

                    zarozumiałe oko
wreszcie wstydzi się złota gęstniejącego
tu i ówdzie w ciało, kamień, wiatr; toteż mówimy
dłońmi z piasku na wilgotnych skałach
prawie bezszelestnie,

                    tak:
radość dziewczynki z drugiej strony czasu.
pokruszona zieleń między muszelkami.
sól na obojczyku, smaczna, bardzo stara

                    mówi teraz nas.

Eclogue

             naturally, sleep
eases the hard shapes of specters and the poem
lets its braids down like a sea
that's being toyed with by a little girl
who's made of stars.

             the haughty eye
is finally ashamed of the gold stiffening
here and there into flesh, stone, wind; and so we speak
with our hands of sand on dripping rocks
almost soundlessly,

             that's right:
the delight of the little girl from the far side of time.
shards of green glass amid the seashells,
salt on the collar bone, tasty and very old,

             is speaking us now.

cały dzień ładna pogoda
marnowała się na dworze
światło ściekło
za horyzont
skończył się widok
w moim oknie

i zwykła wieczorna podróż
na bosaka po chłodnej podłodze
do lodówki pełnej światła
jak rozkrojony bursztyn

zapalę światło i dzień
przeprowadzi się do środka
tak długo
jak zechcę wszystko
jest w moich palcach
wieczorem

all day the good weather
went to waste outside
light seeped
over the horizon
the view from my window
faded away

and the usual evening journey
barefoot across the cold floor
to the refrigerator filled with light
like a piece of amber cut in half

I'll turn on the lamp and daylight
will move indoors
for as long
as I wish it is all
in my fingers
at evening time

Elektryczność

a zima wejdzie z bielą zima da jej biel.
ciało oczyści się z barw.

w lustrze zrywanie naskórka
święto upuszczania krwi
z odsłoniętej twarzy.

szorstki los dla ramion
pleców piersi brzucha

(zzuwanie słońca
trzebież poszlak)

białe ciałko będzie
ukwiałem-motylem,

negatywem:

ścinki zdjęcia emulsyjną (błonotwórczą)
zaspą
na oszroniałej tafli.

pod spodem płetwy
przetną kryształ wody.
jeszcze pluśnie ogon
potem przepadnie w zieleni, zwinna
jak iskra (rozżarzona cząstka
płonącego ciała, oderwana od całości)

Electricity

while winter will enter with white, winter will give her its whiteness.
the body will be cleansed of colors.

in the mirror the stripping off of skin
the sacred day of bloodletting
from the uncovered face.

a harsh fate for the arms
the back the breasts the belly

(the removal of sun
the eradication of traces)

the white cell will be
a sea anemone, butterfly,

a negative:

scraps of photograph that are emulsive
snowdrift
on a hoar-frosted surface of water.

down below are fins
slicing the water's crystal,
the plash of a tail,
then it will vanish in green, lithe
as a spark (a redhot particle
of burning flesh, torn from the whole)

Królowa śniegu

Dla Laury Riding

Ona ma swoje ogrody
I własną białą miłość.
Blask na dnie zimnych oczu
Przychodzi z serca nocy,
W którym zamarzł
Ostry odłamek dnia, jak kamień.

Jej pierwszy oddech zamarzł
Jak cenny biały kamień.
Niosła go sama, w nocy
Do miasta, do ogrodów,
Do chętnych błękitnych oczu—
To była zimna miłość.

Z serca polarnej nocy
Przyszedł wiatr, zamarzł
Głos, a w ciszy przecież miłość
Nie potrzebuje oczu.
Królowa niosła biały kamień,
Pod śniegiem zasnęły ogrody.

Gwiazdy, to były jej oczy.
A granatowy płaszcz nocy—
Jej rozłożysty dom. Zamarzł
Wiele lat temu. Miłość,

The Snow Queen

for Laura Riding

She has her gardens
And her own white love.
The glint at the back of cold eyes
Coming from the heart of a night
In which there lies, frozen,
A jagged shard of day, like stone.

Her first breath frozen
Like a precious white stone.
She bore it herself, in the night,
To the city, to gardens,
To willing blue eyes—
It was cold love.

From the heart of a polar night
Winter came, the voice frozen,
While in silence love
Has no need of eyes.
The queen bore a white stone,
Beneath snows the sleeping gardens.

The stars were her eyes.
And the dark blue cloak of night—
Her spreading home. Frozen
Many years before. Love,

Pod ziemią, jak kamień
Zasnęła; nad nią zakwitły ogrody.

Z ziemi białej jak kamień
Wyrósł liść i od razu zamarzł.
Jej zimowe ogrody
Zakwitają w nocy,
W oknie, które udaje miłość—
Do gwiazd, do jej jasnych oczu.

Więc to nie była miłość.
A ciepły sen królowej zamarzł
Na pierwszej szybie. Kamień
Potłukł sny, w środku nocy—
Nie otworzyli oczu.
Nie uwierzyli w ogrody.

W nocy bał się jej oczu.
Kto zamarzł, zna jej ogrody—
I miłość, białą jak kamień.

Beneath the earth, like stone
Was asleep; above it, flowering gardens.

From earth white as stone
A leaf grew and was at once frozen.
Its cold gardens
Flower in the night,
In a window disguised as love—
For the stars, for her bright eyes.

So it was not love.
The queen's warm dream frozen
On the first pane. A stone
shattering dreams, in the depths of night—
The people did not open their eyes.
They did not believe in gardens.

In the night he feared her eyes.
Whoever is frozen, knows her gardens—
And love too, white as a stone.

tak

ale nauczyć się, że to dobra wiadomość:
odwrotność wojny, nieszczelność naskórka
i śluzu, skrzętna kapitulacja w każdym
ciepłym oddechu, we śnie.

i nie ma innego sposobu, tylko prezent
z chleba położonego na szorstkim języku
jakiegoś płaczu, aż zaokrągli się
mizerny czas, naprężając

ścieg świata w uśmiechu kota z Cheshire.
ładnie zgubieni w jaśminowej mgle
na terytorium jakiejś hojnej nocy
gdzie koniec zbiega się z początkiem, mało

mówimy, i tylko tak, jak ptaki, nie: nie—

yes

but to learn that this is good news:
the inverse of war, the permeability of skin
and mucus, diligent surrender
in every warm breath, in sleep.

there is no other way but the gift
of bread placed on the rough tongue
of someone's weeping, till haggard time
grows rounded, stretching

the seam of the world into the Cheshire Cat's grin.
beautifully lost in jasmine-scented mist
in the realm of an abundant night
where end converges with beginning, we speak

little, and only like the birds, no: no—

Lola

rano idę do mgieł czekać na duszę
zaplątaną w lepkie od rosy nitki snu.

biegnie Lola i mówi: chcę być pieszczona
tu i tu i tu (po psiemu) a potem patrzy

z ukosa
urażona

że trzeba ze mną tak dosłownie.
robimy ranek:

myśliwa biegnie za osą
piasek chrzęści w deskach domu

grudka mgnień sklejonych na wilgotne oko
odlatuje między ruchome kontynenty chmur
tak szybko—takszybko
że
brak
tchu

Lola

in the morning I go to the mists to await a soul
that's tangled in threads of sleep sticky with dew.

Lola runs and says: I want to be stroked
here and here and here (the way dogs do) then looks

askance
offended

that I have to be shown so explicitly.
we make daybreak:

a huntress chases a wasp
sand crunches in the boards of a house

a wad of moments stuck to a moist eye
is flying off into the mobile continents of clouds
so quick—soquick
you're
left
breathless

Kochankowie na niebieskim tle

Takie przestrzenie, gdzie się bez skrupułów
leje dzikie światło, to z powodu słońca (które jest dziurą
w wielkim worku lawy). Strefa skrzydeł—
mocny, stabilny, prosty lot i błyskawiczne
zejście w dół, prawie swobodny spadek masy
na cel.

I skąd tam oni? Nad dachami, nad głowami drzew?
Ponad umorusaną wykładziną chmur?
Jakiż to dziwny pojazd, napędzany snami, ich tam wyniósł?

Bliscy ziemi, spoglądamy w górę.
Bezmiar ma na policzku biały opatrunek.
Skoro musimy zniknąć, to we dwoje:
pustka przy pustce, jedna para skrzydeł.

I nura: niebo, morze, piach

                    cała wyspa kwiatów.

Lovers on a Sky-Blue Background

Expanses where a feral light pours down,
unscrupulous, because of the sun (which is a hole
in a vast sack of lava). Zone of wings—
a strong, straight, steady flight and lightning
descent, almost a free fall of the mass
toward its goal.

How did they get there, over the roofs and tops of trees,
Above the dirtied flooring of the clouds?
What strange conveyance, powered by dreams, has brought them there?

Intimates of the earth, we raise our eyes.
Infinity has a white bandage on its cheek.
If we must disappear, let it be together:
emptinesses side by side, one pair of wings.

And off we go: sky, sea, sand

     an island made of flowers.

Liść z wakacji

otwieram okno, żeby cię tu deszczu
wpuścić, a twój ciężki oddech
płoszy firankę, pachnie torfem,
skrapla się na moich ustach.

Wish You Were Here

I open the window to let you in,
rain, and your forceful breath
startles the curtain, smelling of moss,
forming droplets on my lips.

II.

AUTOBIOGRAPHIA LITERARIA

Szuflada

Niektórzy kolekcjonują opiłki przeszłości.
Są bezcenne jak szadź na przydrożnych brzozach.
Zwłaszcza liczą się nieliczne momenty bezwzględnej
                                    przytomności umysłu,
ekwinokcjum.

Jej pamiątki: stos kolorowych pism, w których jest całe piękno świata.
Ścinki tkanin, z których uszyto suknie na każdą okazję.
Kolorowe włóczki. Poduszka. Pod tym wszystkim
ktoś kiedyś odkryje mapę nieaktualnego świata.
Pejzaż przestarzałych państw.
Stada nieżyjących zwierząt, pożywiające się dawno wymarłym
                                    gatunkiem trawy.

Domy zjedzone przez wodę i przez wiatr, a w domach
pożółkłe zdjęcia mieszkańców.

Drawer

Some collect shavings of the past.
They're as precious as hoarfrost on roadside birches—
especially valuable at the rare moments of absolute presence of mind,
of equinox.

Its keepsakes: piles of illustrated magazines containing all the beauty
in the world.
Scraps from fabric that was used to make gowns for every occasion.
Colored yarns. A cushion. Beneath all this
someone will one day discover a map of an obsolete world—
a landscape of defunct countries.
Herds of long-dead animals feeding on an extinct species of grass.

Houses eroded by water and by wind, and in the houses
faded photographs of those who once lived there.

Fort-Da

M. S.

śniło mi się, że byłam złym starcem, mówi
moja córka w piżamce koloru lobelii, kiedy
siedzimy przy stole jak portrety w sepii
poranka. kurz w moich oczach, a w jej

lśniących oczach puszyste anioły,
minotaury: „w życia wędrówce, na połowie
czasu" nie wiem, co dziecku powiedzieć
o krwi. w drodze do przedszkola

bawimy się, że jedna z nas nie żyje.

Fort-Da

I dreamt I was a wicked old man, says
my daughter in her lobelia-colored pajamas, as
we sit at the table like portraits in the sepia
of early morning. dust in my eyes, while in her

shining eyes are downy angels,
minotaurs: "on the path of life, half way
through our time" I don't know what to tell the child
about blood. on the way to pre-school

we play at one of us being dead.

Krajobraz z dziewczynką

chciałabym powiedzieć—do niej, do obydwojga—
połóżmy się pod trawą, połóżmy się w cieniu
suszonych okrętów. niech sprawę losu przejmą
te platany, chciałabym powiedzieć, patrzcie,

lecz tylko głaszczę przezroczyste niebo. słońce się
przesunęło i widać zielonego dzięcioła. zaśnijmy już,
chciałabym powiedzieć, bądźmy już zawsze
dywanem, kłębkiem kurzu, lecz tylko stoję

w chmurze śmiechu i wróć jest tym słowem
którego nie mówię, kiedy wybiega na trawę
zewnętrzna jak świat i w tej chwili umiera ktoś inny

Landscape with Little Girl

I'd like to say—to her, to both of them—
let's lie down beneath the grass, lie in the shade
of dried-out ships, let matters of fate be left
to those plane trees, I'd like to say, look over there!—

instead though, I caress the see-through sky, the sun
has shifted, there's a green woodpecker, let's fall asleep
I'd like to say, from now on let us always be
a carpet, a ball of yarn, but I only stand

in a cloud of laughter and *come back* are the words
I end up never saying as the child, external as the world,
runs on the lawn while someone else is dying.

Pogoda

G. B.

Coś pożerało nasze słoneczne godziny.
Morze turlało się w skalistym gnieździe wabiąc księżyc,
duch ślizgał się po jego skórze, puszczał lśniące oko.

Po przejściu chmury nie byliśmy już sobą.
Po przejściu chmury byliśmy znów sobą
po aktualizacji zmarszczek, map

godzin słonecznych i tych pochmurniejszych;
pamięć—pajęczyna—wskazywała drogę.
Gdzie jesteś? Tu jestem.

I wszystko od nowa:
coś pożerało nasze wieczorne godziny,
Arachne tkała sieć między pustkami,

duch podróżował od spacji do spacji,
wywołując kształty: pod ogromnym niebem,
w kruchym domu lata, zbieraliśmy je

na prezent.

Weather

for G. B.

Something was consuming our sunshine hours.
The sea churned in its rocky nest, luring the moon,
a smooth spirit crossing its skin, winking a bright eye.

After the cloud passed we were no longer ourselves.
After the cloud passed we were again ourselves
once we'd updated the crow's feet, maps

of the sunshine hours and those that were steeped in gloom;
memory—a spider's silk—was showing us the way.
Where are you? I'm right here—

—once again from the beginning.
Something was consuming our evening hours,
Arachne was weaving a net between the empty spaces,

the spirit journeying from gap to gap
conjuring shapes: beneath a massive sky
in the flimsy home of summer, we gathered them

to make a gift.

Coś

a więc opowiadamy ciągle te same historie
coś się kończy zaczyna coś płonie
coś nas ku sobie popycha każe śpiewać
kreślić znaki na skórze

coś, co na mnie patrzy z niejednego płótna
dłonie tej kobiety czemu taka czułość
kimkolwiek była umarła
a po niej malarz J.C. Dahl (1788–1857)
sto pięćdziesiąt jeden lat temu

albo to dziecko z Nieba nad Berlinem
nie znam płci
w czarno-białym beciku

maluję rzęsy
zdejmuję ubranie
obejmuję plecy mężczyzny
kolekcjonuję wizerunki aniołów
i linijki z wierszy o miłości lub śmierci
szukam ludzi, którzy umieją rozmawiać z jeżami

nastąpił tu wielki wybuch
wszystko porozrzucane
nic tylko zbierać żywe owoce tej wojny
nic tylko zbierać martwe owoce tej wojny

Something

and so we keep telling the same stories
something begins or ends something burns
something pushes us to one another makes us sing
draw marks on skin

something seen in countless paintings
the woman's hands why do they stir such tenderness
whoever she was she died
and after her the painter J. C. Dahl (1788–1857)
a hundred and fifty years ago

or that child from *Wings of Desire*
boy or girl I don't know
wrapped in a black-and-white blanket

I put on mascara
take off my clothes
put my arms around a man's back
I collect images of angels
and lines from poems about love or death
I search for people who can talk to hedgehogs

here there was a great explosion
everything lies scattered
we can only gather the live fruits of the war
we can only gather the dead fruits of the war

więc opowiadamy ciągle te same historie
coś się kończy zaczyna coś płonie
coś nas ku sobie popycha, każe śpiewać

coś zsyła nam błogosławieństwo łez

and so we keep telling the same stories
something ends begins something burns
something impels us toward one another makes us sing

something sends down to us a blessing of warm tears

w drogę

trzydzieści siedem lat i w doskonałym zdrowiu wszystko
się zaczyna: podróż, niewielka, lecz najpierw do nieba,

żeby się oddalać, zawsze przecież jadąc ku tobie.
i świeżo uchylone drzwi świata, błogosławieństwo

czasu i przestrzeni, wczesne słońce,
twój szorstki policzek w domu moich zmysłów, gdzie?

w tym drugim świecie, gdzie schodzę na ziemię,
myśląc: dal mamy w prezencie, żeby zmierzyć czułość.

na przykład dzisiaj, od rana powietrze puchło
niewypowiedzianym deszczem i moja głowa,

ciężka nad książką, nagle pustoszeje, kiedy wszystko
bierze głęboki oddech i dmucha w gałęzie jabłonki.

budzi się burza i mruczy, wychodzę na dwór,
łapię pierwsze krople, rzadkie, duże, ciepłe,

slajdy nieba zmieniają się niepostrzeżenie, kiedy myślę—
serio—„strata to imię zbyt dużego głodu",

przecież piszę do ciebie w powietrzu, mam na sobie deszcz.

on the way

thirty-seven years old and in perfect health it all
begins: a journey, short, but first into the sky,

to get away, though always traveling toward you.
and the newly opened door of the world, the blessing

of time and space, the early sun,
your scratchy cheek in the house of my senses, where?

in that other world, where I descend to earth
thinking: distance is a gift that lets us measure tenderness.

today for instance, since morning the air's been swelling
with unuttered rain and my head, drooping

over a book, all at once empties when everything
takes a deep breath and blows on the apple branches.

the storm wakens and murmurs, I go outside,
catch the first drops, sparse and large and warm,

the slideshow of sky progresses fluidly, when I think—
seriously—"loss is the name of a too-great hunger,"

yet I'm writing to you in the air, I'm wearing the rain.

Relentlessly Craving

B. G.

wierszu wierszu bądź mocny
jak fala uderzeniowa, koncert A-moll Griega
zapuść korzenie, znajdź źródło, kwitnij, wydaj owoc
ożyj, wierszu, chcę twojej krwi

wierszu, wierszu bądź tak niebezpiecznie piękny
jak pijana kobieta na obrazie Muncha
liczą się tylko podstawowe barwy, żółty, czarny, czerwony
liczy się ogień

jest czas nadziei
i czas rozpaczy

liczy się ogień
jeśli nie masz ciała
nie znasz miłości
ani nie znasz śmierci

wierszu, wierszu bądź w słońcu
w oku świata
w przemianie chleba w ruch
w ustawicznym rozpadzie, który jest warunkiem wszelkiej syntezy
we krwi

Relentlessly Craving

for B. G.

poem, poem be strong
like a shock wave, Grieg's Concerto in A Minor
put down roots, find the source, bloom, bear fruit
come to life, poem, I need your blood

poem, poem be as perilously lovely
as the drunken woman in the painting by Munch
what counts are only the base colors, yellow, black, red
what counts is fire

there is a time for hope
and a time for despair

what counts is fire
if you have no flesh
you do not know love
nor do you know death

poem, poem be in the sun
in the eye of the world
in the turning of bread into motion
in the constant decay that is the condition of all synthesis
in the blood

ogniu
bądź

jest czas nadziei
i czas rozpaczy
liczy się ogień i lód

wierszu wierszu bądź jak ciemna noc duszy

fire, be

there is a time for hope
and a time for despair
what counts is fire and ice

poem, poem be like the dark night of the soul

Autobiographia Literaria

Chciałem powiedzieć to i to, i to
Marcin Sendecki

przed tym dniem, kiedy ktoś zwinie ciemny ekran nieba
strząśnie gwiazdy jak okruszki żaru
chciałam napisać
o mrówkach jeżach o grzybni

przed tym dniem, kiedy ktoś zwinie ciemny ekran nieba
strząśnie gwiazdy jak okruszki żaru
chcę ci zadedykować
(kimkolwiek jesteś
gdziekolwiek śnisz)
wszystkie nocne
wszystkie miejskie
światła

Autobiographia Literaria

I wanted to say this and this, and this
Marcin Sendecki

before the day when the sky's dark screen will be furled
the stars shaken down like burning embers
I wanted to write
about ants hedgehogs about mushroom spawn

before the day when the sky's dark screen will be furled
the stars shaken down like burning embers
I want to dedicate to you
(whoever you are
wherever you dream)
all the lights
of nighttime
and of the city

Bycie sobą cz. II

miasto w deszczu
ślesz uśmiech
pomiędzy kroplami
ty ja ty ja
między nami
co

między ciemnościami
pomost
więc chodź
chodź do mnie
nie utoniesz

zamknę oczy
pustko moja towarzyszko
śpij
chcę być dotknięta chcę
podać rękę

Being a Self Part II

city filled with rain
you send a smile
between droplets
you me you me
between us
see

a bridge
between darknesses
come then
come to me
you will not drown

I'll close my eyes
o emptiness my friend
sleep now
I want to be touched I want
to give you my hand—

Szum

słowem—
nie będzie spokoju
nie będzie przytulnej
wieczności. słowem
tylko wyjść z siebie
po błyska-
wicznej kładce.
słowem już jestem na miejscu.
ty w innej strefie
ty na innej fali
w nicość nas obracasz.

ekstatycznie tam
gdzie brak nieobecności
wielkie niebo znika
w pustym oku gwiazdy.
słowem się spotkamy
gdzie się kończy ciało
w ciepłym płaczu ziemi
w czarnych
      piórach   fali
          tej upartej
która jednak
musi się wygładzić.

Noise

in a word—
there will be no peace
there will be no cosy
eternity, in a word
simply go out of yourself
across the in-
stant gangway.
in a word I've arrived.
you in a different zone
you on another wavelength
are turning us to nothingness.

ecstatically where
there is a lack of absence
the vast sky disappears
in the empty eye of a star.
in a word we shall meet
where the body ends
in warm tears of earth
in dark
            feathers   wave
                        of this stubborn
which nevertheless
must grow smooth.

Dla S. F.

chciałabym mieć mistrza
uczyłby mnie życia, czyli
oprócz jedzenia nożem i widelcem
także pisania wierszy

mówiłby mi o tym, że gwiazdy
jak ludzie
rodzą się i umierają
i jak ludzie
żyją w konstelacjach

słuchałabym mojego mistrza
uważnie
bo jedno zbiegłe słowo
byłoby upadkiem królestw
zawieszeniem czasu

słowa mojego mistrza
wyrzeźbione z ciała
byłyby jasne.

for S. F.

I wish I had a master
to teach me about life, which is to say
not just how to use a knife and fork
but how to write poems

he'd tell me how stars
like people
are born and die
and like people
live in constellations

I'd listen to my master
attentively
for one lost word
would be the fall of kingdoms
the stoppage of time

the words of my master
sculpted in flesh
would be clear.

nielita

a namacalna, i gdyby nie „ty",
jak drzewo w środku łagodnego lasu:
upadki na mech

bez jednego westchnienia dla maleństw
ucztujących bez wina na ciele
ogromnym bez płci.

dla „ciebie" w dźwięcznym konturze imienia
przemyca ukradzione grudki
czasu: w sygnałach

wielorazowego użytku
solidnych jak drewniane meble
(krzesło, na którym siedzi, pisząc nowy list,

czerwcowy stół z peoniami) jesteśmy:
ciemnoróżowe płatki w popielniczce,
resztka zapachu między papierami

i głodna noc: tuż-tuż.

unsolid

yet touchable, and were it not for "you,"
like a tree amid a gentle wood:
a falling down on the moss

without a single sigh for the tiny creatures
that feast without wine on the vast
ungendered body.

for "you" the sonorous outline of the name
hides stolen clods
of time, in signals

that can be reused,
solid as wooden furniture
(the chair in which one sits, writing another letter,

the springtime table with its peonies) we are:
dark pink petals fallen in the ashtray,
a scent that drifts among the papers

and the hungering night: close as close can be.

Wyjście

My, zarażeni, musimy stale ponawiać wezwanie.
Inaczej znikniemy.
Wchłonie nas ciemna noc jeży i mrówek.
Przerośniemy pleśnią.
I wsiąkniemy w grunt.

My, zarażeni, musimy stale ponawiać wezwanie.
Wpuszczać w siebie to zabójcze morze.
Bo trudno uwierzyć w pustkę, której nikt nie widzi.
Trudno nie szukać. Choćby po omacku.
Kimkolwiek jesteś podaj mi swój głos.

Kimkolwiek jesteś podaj mi swoje ciało języka
i dnia. Proszę, wyciągnij dłonie.
Dotknę cię lekko jak czas.

Kimkolwiek jesteś podaj mi swoje ciało nocy.
Zliżę sól z twoich chłodnych powiek.

I zobaczysz świat.

My, zarażeni, musimy wszystko zaczynać od nowa.
Więc pozwól, że ukocham twój mrok.
Co w tobie rośnie, niech we mnie zakwita.
A owoce tych kwiatów niech ciebie nasycą.

The Way Out

We the infected must constantly resume the challenge.
Otherwise we will disappear.
Be swallowed by the black night of hedgehogs and ants.
Be overgrown by mold.
Soak into the earth.

We the infected must constantly resume the challenge.
Admit into ourselves the killing sea.
For it's hard to believe in an emptiness no one can see.
It's hard not to seek. If only in the dark.
Whoever you are, give me your voice.

Whoever you are, pass me your body of tongue
and daylight. Please, reach out your hand.
I'll touch you lightly as time.

Whoever you are, pass me your body of night.
I'll lick the salt from your cold eyelids.

And you shall see the world.

We the infected must begin it all anew.
Then let me come to love your twilight.
What grows in you, may it bloom in me.
And may the fruit of those flowers sate your hunger.

Kimkolwiek jesteś,
biorę cię ze sobą.
Chodźmy.
Popatrz, tu jest droga.

A tu nie ma mapy.

Whoever you are
I take you with me.
Here is the road.

And look, there is no map.

Wiersz

pogubione sny dotyczyły przyszłości ze szkła
bezwonnej stali kolorowych świateł
w tym wariancie idę do ciebie przez las
przez świeżą zieleń doliny
wody wielkie nie zdołają ugasić miłości
w tym wariancie idę do ciebie przez śmietnik
och, gdyby to było na serio
reklamówki, plastikowe butelki, stare samochodowe fotele
drzewo figowe wydało zawiązki owoców
to oni by już coś z tym zrobili
świeża zieleń doliny
pogubione sny dotyczyły prostych konturów zwycięstwa
to wszystko
żadnych niuansów
teraz tylko żyjmy potem się zobaczy
w tej wersji idę do ciebie przez miasto
szarość pełna mokrych świateł ja je tobie niosę
kuleczki ze srebra
pogubione sny dotyczyły znakomitych miast
mój miły jest mój a ja jestem jego
mamy psa lodówkę plazmę oraz buddę
miłość jest higieniczna dla zdrowia
i długowieczności
w tej wersji idę do ciebie przez wodę i tonę
zanim się spotkamy

Poem

misplaced dreams about a future made of glass
of scentless steel multicolored lights
in this version I'm coming to you through a wood
across a fresh green valley
great waters that will never extinguish love
in this version I'm coming to you across a trash heap
if it was really serious
shopping bags, plastic bottles, old car seats
a fig tree that's sprouted the seeds of fruit
they'd have done something about it by now
a fresh green valley
misplaced dreams about the simple shape of victory
that's all
no subtleties
let's live for now later we'll see
in this version I'm coming to you across a city
a grayness of watery lights I'm bringing them to you
tiny balls of silver
misplaced dreams about magnificent cities
my love is mine and I am his
we have a dog a refrigerator a plasma TV and a Buddha
love is good for the health
for longevity
in this version I'm coming to you across water and I
drown
before we meet

Nocą tańczyłam do utraty tchu

są takie słowa, w których mnie już nie ma.
nic nie zostało tylko popiół popiół
i noc w kolorze wina, bezdenna jak wino
i twoje ciemne oko, księżycu

nocą serce tańczyło w ażurowej klatce
jak motyl w katedrze czyjejś ciepłej dłoni
(te kobiety wykiełkują w sezonie roztopów)
ciepła dłoń zaciśnięta w pięść.

białe paprocie na martwych jeziorach.
ostrze nowiu na żebrach, żeby mogło tańczyć,
serce,
garść pijanych gwiazd na obrusie z mgły.

By Night I Danced Till I Was Out of Breath

there are words in which I am already gone
nothing is left but ashes ashes
and night the color of wine, bottomless as wine
and your dark eye, moon.

by night I danced in an openwork cage
like a butterfly in the cathedral of someone's warm hand
(such women germinate in the season of thaws)
a warm hand clenched into a fist.

white ferns on unliving lakes.
the blade of a new moon on the ribs, so it can dance,
a heart,
handful of drunken stars on a tablecloth of mist.

Będą kwiaty

ale teraz słońce w krypcie brzasku
i moje zimne kłącza zgęstniałe od śmierci
(ciemnego wina którym mnie częstujesz)
uśmiechnij się dziewczynko tak prześlicznie płoniesz

i cóż w tej nocy jaka tajemnica
słońce jest niedopałkiem w matowej butelce
gniazda jak węzły w suchych włosach buków
na kolana dziewczynko tak zmysłowo płoniesz

te miękkie zgliszcza kobieta pod śniegiem
czy wykiełkuje w sezonie roztopów
pleśń jest biała jak jaśmin niech kwitnie jak płomień
ty mi udziel śniegu pokornego piękna

Flowers Will Bloom

But now there's snow there's sun in the crypt of dawn
and my cold rootstock growing dense with death
(with the dark wine you're serving me)
smile babe you burn so gorgeously

and what great secret was there in the night
the sun a dying cigarette in a dull bottle
birds' nests like knots in the dry hair of the beeches
kneel babe you burn so sensually

those soft charred ruins a woman beneath the snow
will she breed flowers in the time of thaws
the mold is white as jasmine may it bloom like flames
snow give me now my share of humble beauty

Chiaroscuro

Nocą długo patrzyłam w twoje jasne oczy.
Byłam przezroczysta jak łza albo grudka
Mrozu w sercu twoich nocnych spacerów—

Mocne gwiazdy miałeś za towarzyszki
Pięknie obojętne na mnie, na ciebie, na głód
Między nami podobny do łąki pod śniegiem

Czasu mierzonego moim niecierpliwym oddechem.
Podobny do brzasku w kolorze musującej krwi—
Nocą długo pieściłeś horyzont ulotny

Jak ciało na krawędzi jakichś przyszłych czasów.
Byłam przezroczysta jak wesoły oddech
Musującej nocy na twoim policzku, kiedy

Elektryczne światło podprowadziło cię pod próg
—i żyłeś.

Chiaroscuro

Through the long night I gazed into your bright eyes.
I was transparent as a tear or as a clump
Of frost in the heart of your nighttime walks—

Your companions powerful stars
That were beautifully indifferent to me, to you, to the hunger
That lay between us like a meadow under the snow

Of time measured by my impatient breathing.
Like a daybreak the color of frothing blood—
Through the long night you caressed the volatile skyline

Like a body on the brink of some future time.
I was as transparent as the cheerful breath
Of the frothing night on your cheek, when

The electric light brought you to the threshold
—and you'd survived.

Gościnność

J

a potem byłam tak zmęczona, że śniło mi się zasypianie na krawędzi
wanny, która miała boki jak łagodne, oblodzone zbocza. ramieniem
zaczepiłam się o jakiś przedmiot, teraz już niedostępny, jak reszta
tego snu, w którym byliśmy, w tych chmurach, u siebie; co ze mnie chwilowo
bezśmiertne, co z ciebie nie całkiem przepadło, kiedy następnego ranka,
jeszcze nieubrana, czytałam u Heraklita: tu też mieszkają bogowie.

Hospitality

for J.

later I was so tired I dreamed I fell asleep against the rim
of the bathtub, which had such gentle sides, ice-covered slopes. I hooked my arm
around some object now out of reach, like the remainder of the dream
in which we'd made a home among those clouds; some part of me
was for a while immortal, some part of you still lingered, when next morning,
not yet dressed, I read in Heraclitus: Here too dwell the gods.

III.

PSALMY W TOKU
PSALMS IN THE MAKING

Psalm I

M. M.

niektórych wierszy nie można już napisać.
niektórych nie dało się napisać wcześniej.
nocą rozpacz z powodu dzieci, utopionych
dzieci, powieszonych dzieci, spalonych
dzieci, zgładzonych dzieci, maskotek dzieci
w rozbitym samolocie, bo macierzyństwo
jest dożywociem, a rozpacz szuka atrakcji
i pokupnych kształtów, żeby się w nie wystroić,
żeby się zasłonić, żeby się ochronić;
więc lepiej milcz, mówię, więc mówię: żadna
z waszych kości nie będzie połamana, powiedzmy,
„nie zabraknie wam żadnego dobra", powiedzmy,
„będzie zasadzone drzewo u strumieni wód"—

Psalm I

for M. M.

some poems cannot be written any longer.
some could not be written until now.
nighttime despair because of the children, drowned
children, hanged children, burned
children, massacred children, toys of children
in the plane wreck, because motherhood
is a life sentence, while despair seeks ornaments
and pleasing shapes, so as to dress up in them,
take shelter in them, be protected;
so best be quiet, I'm saying, so I'm saying: none
of your bones is going to be broken, let's say,
"you shall want for nothing," let's say,
"a tree will be planted by the flowing waters"—

Psalm II

pożeracze mojego ciała,
jak zabrzmi kanon naszej przyjaźni?
2 metry kwadratowe skóry,
koniec świata to moje
mieszkanie, 30 kilometrów kwadratowych
błon komórkowych domu
pańskiego powszedniego i woda,
woda, woda dla spragnionego, pijcie
to ze mnie krzywdziciele moi,
przyjaciele moi,
kochankowie moi,
suchą stopą przez morze moje
do jutra—

Psalm II

Devourers of my flesh,
how will the canon of our friendship sound?
2 square meters of skin,
the limit of the world is my
dwelling, 30 square kilometers
of cell membrane in the house
of our daily lord, and water,
water, water for the thirsty, drink
from me, my wrongdoers,
my friends,
my lovers,
dry-shod across my sea
until tomorrow—

Psalm V

Piękno istnieje, la ermozura egziste i raje
nie są sztuczne, tylko jak mieć wachlarze
z miłorzębu zielone obok zaraz żółtych i twarze
ludzkie w słońcu, perły architektury i myśli
o prochu, którym się stajemy? Dwa dni później
pamiętam już tylko teorię, co mówiliśmy
o matematyce Alhambry i fragmenty wierszy więc
rozbieram się szybko, żeby to przyłapać
na gorącym życiu, żeby się nasycić dobrem
twego domu pośród pagórków przepasanych
weselem gdzie szukam i znajduję, szukam
i nie znajduję, szukam i znikam i—

Psalm V

Beauty exists, *la ermozura egziste* and paradises
are not artificial, yet how can one have fans
of gingko, green right next to yellow, and human
faces in the sunshine, pearls of architecture and thoughts
on the dust that we become? Two days later
I remember only theory, what we said concerning
the mathematics of the Alhambra and the fragments
of poems, so I undress quickly, to catch life
red-handed, to relish the goodness
of your home amid the hills encircled
by a wedding party where I seek and find, seek
and do not find, seek and disappear and—

Psalm VIII

na wysokiej górze
na odludnej górze
na niebieskiej górze
układałam się
do snu i zasnęłam
i obudziłam się
ponieważ świat
przyszedł znowu
o brzasku
rozczochrane osty
noże traw mgła
wierny kamień
raz zimny raz
gorący w słońcu raz
wierzę—

Psalm VIII

on a high mountain
on a deserted mountain
on a sky-blue mountain
I laid me down and slept
I awaked
because the world
had come again
at dawn
tangled thistles
grassblade and mist
a faithful rock
sometimes cold sometimes
hot in the sun
sometimes
I believe—

Psalm XXIX

kogóż będę się lękać?
kiedy czas przysnął na chodniku
jak zmęczony pies, punkt
dla nas: odkurzamy porcelanę,
zdjęcia, magnetowid; poezję,
politykę i miłość. dwudziestoletnia,
taka ci wychodzę w ramach okna,
póki nie zblakną ogniste piksele
miasta, póki się nie wyleje
dzień. w bladym kadrze, ten,
który ucisza zgiełk mórz: spustoszenie—

Psalm XXIX

who, who will make me afraid?
when time falls asleep on the sidewalk
like a weary dog, one point
to us: we dust our china,
our photos, VCR; our poetry,
politics and our love. a woman of twenty,
that's how you read me in the window
before the city's fiery pixels
fade, before the spilling out
of dawn. in the pale frame, the one
who stills the noises of the sea: devastation—

Psalm XXXI

R. K.

sikorka przysiadła na parapecie jak wiadomość
wygenerowana przez mgłę, październik
przechodził w listopad w brzozach dębach olchach,
mrozoodpornych kwiatach, na cmentarzach
gdzie nasi ojcowie nie pisali pamiętników,
gdzie nie poznaliby naszych dzieci, naszych
wierszy i nas. Telewizja nadawała Polskę,
która zginęła, a potem nie zginęła, a potem znowu
zginęła, a potem nie, a potem słońce
podbiło wycinankę gałęzi, nie wiadomo kiedy
sikorka wsiąkła w niebo, zanim zdążyłam powiedzieć
pamiętaj, zapamiętaj mnie—

Psalm XXXI

for R. K.

a chickadee had perched on the windowsill like a message
generated by the mist, October
was turning into November in the birches oaks alders,
in the frost-resistant flowers, in the cemeteries
where our fathers wrote no memoirs,
where they would not recognize our children, our
poems, ourselves. The television was showing Poland
that had perished, and then had not perished, and then
again had perished, and then not, and then the sun
flung up a mesh of branches, all at once
the chickadee was absorbed by sky before I could say
remember, remember me—

Poem Sources

from **November on the Narew** (Listopad nad Narwią, 2000):

    [I wish I had a master] ([chciałabym mieć mistrza])
    Being a Self Part I (Bycie sobą cz. I)
    [all day the good weather] ([cały dzień ładna pogoda])

from **Bio** (2004):

    Photosynthesis (Fotosynteza)
    [While for those who yearn . . .] ([Tym zaś, którzy
                                      tęsknią . . .])
    Electricity (Elektryczność)
    Bio
    Retrospection (Retrospekcja)
    Wish You Were Here (Liść z wakacji)
    Noise (Szum)
    The Snow Queen (Królowa śniegu)

from **Planet of Lost Objects** (Planeta rzeczy zagubionych, 2006):

    Lands and Oceans (Lądy i oceany)
    Drawer (Szuflada)
    Lovers on a Sky-Blue Background (Kochankowie na
                                      niebieskim tle)
    Evening (Wieczorem)
    Beetle (Chrząszcz)

from **Oxygen** (Tlen, 2009):

> After (Po)
> Orion's Shoulder (Ramię Oriona)
> Relentlessly Craving
> Sorella La Luna
> Oxygen (Tlen)
> Something (Coś)
> Autobiographia Literaria
> Poem (Wiersz)
> Being a Self Part II (Bycie sobą cz. II)

from **Close as Close** (Tuż-tuż, 2012):

> yes (tak)
> on the way (w drogę)
> unsolid (nielita)
> Eclogue (Ekloga)
> Chiaroscuro
> The Way Out (Wyjście)
> By Night I Danced Till I Was Out of Breath
>   (Nocą tańczyłam do utraty tchu)
> Flowers Will Bloom (Będą kwiaty)
> Fort-Da
> Lola
> Hospitality (Gościnność)